Dd
Ee
Ff
Gg
Kk
Ll
Mm
Qq
Rr
Ss
Tt
Xx
Yy
Zz

Die ABC TIERPARADE

Andrea Schomburg Frau Annika

Die ABC Tierparade

LUSTIGE Geschichten
& Reime zum ALPHABET

EDEL
KIDS BOOKS

Die ABC-Tierparade
Lustige Geschichten & Reime zum Alphabet
ISBN 978-3-96129-183-0

Edel Kids Books
Ein Verlag der Edel Verlagsgruppe

Neumühlen 17, 22763 Hamburg
www.edel.com
1. Auflage 2021

Text: Andrea Schomburg
Umschlag- und Innenillustrationen: Frau Annika
Umschlaggestaltung: Vanessa Weuffel, Köln
Lektorat: Dagmar Hoppe
Layout und Satz: Uhl + Massopust, Aalen
Herstellung: Frank Jansen
Druck und Bindung: Lanerepro, I-Lana
Frau Annika wird vertreten durch Agentur Brauer.

Inhalt

A

Anne, der Ameisenbär

Es lebte in der Savanne
ein Ameisenbär namens Anne,
der Ameisen eklig fand
und schrecklich und uninteressant.

„Oh nein“, schrie die Anne, „igitt!
Das mache ich einfach nicht mit!
Die schmecken nach Ekelpamp,
nach schlibbrigem, schlabbrigem Schlamp.
Wie kann man bloß so was essen!
Oh nee, das kann man vergessen!“

Die anderen Ameisenbären,
die konnten sich das nicht erklären.
„Die schmecken doch wunderbar krabblig,
und schlapper-di-schlipper-di-schlapprig!“,
so sagten sie schmatzend und schmausend,
„da essen wir gleich ein paar Tausend!“

„Oh nein“, rief die Anne, „oh Graus!
Das geht nicht, ich muss jetzt hier raus.
Ich wandere aus nach Australien,
da gibt’s vielleicht bess’re Fressalien
als hier in Guatemala.“
Dort traf sie dann Chris, den Koala.

Der Chris fraß bei jedem Wetter
stets nur Eukalyptusblätter.
Er sagte: „Wie schmecken die lecker!
Wie schlicker-di-schlacker-di-schlecker!“

Und Anne probierte – doch nein.
„Die Blätter, die können’s nicht sein!
Da bleibe ich lieber nicht da
und fahre nach Afrika.“

Dort traf sie dann Löwen und Affen
und Zebras und Gnus und Giraffen.
„Mal sehen, was die so fressen –
nee, das kann man auch vergessen,
da schmeckt ja kein einziges Stück!“
So reiste sie wieder zurück.

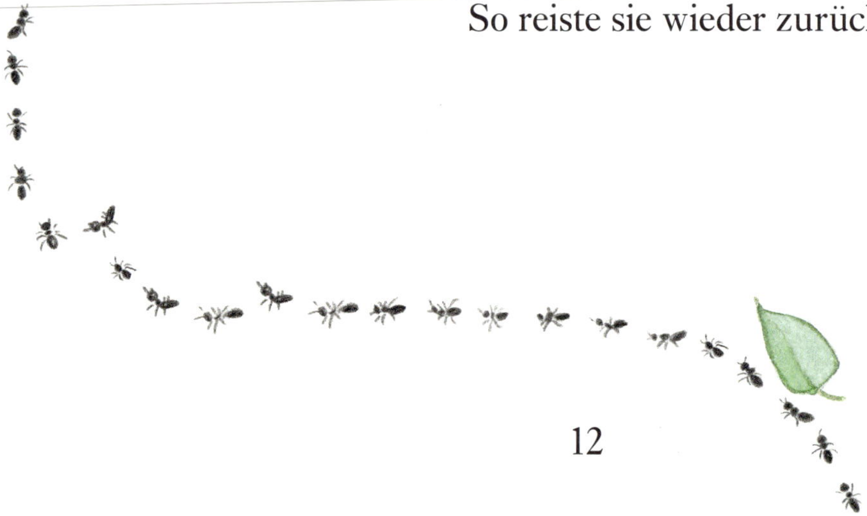

Und als sie die Ameisen sah,
da überlegte sie: „Tja…
Ich mag die zwar gar nicht – egal!
Probier ich sie halt noch mal.
Ich hab sie ja lang nicht genascht.“

Und dann rief sie ganz überrascht:
„Die schmecken ja wunderbar krabblig,
und schlapper-di-schlipper-di-schlapprig!
Da ess ich doch gleich ein paar Tausend!“,
erklärte sie schmatzend und schmausend.
„Ein Futter, ideal und beliebt!
Wie toll, dass es Ameisen gibt!“

B

Die Biene Birgit

Opa Birnstein hat ein Bienenvolk. Die Bienen sammeln den Nektar aus den Blüten, und manchmal fliegen sie weite Strecken, zum Rapsfeld oder zum Rosengarten.
Aber woher wissen sie, wo sie hinmüssen?
Das geht über die Kundschafterinnen. Die fliegen überall herum und schauen, wo es den besten Nektar gibt. Und dann tanzen sie im Bienenstock den Schwänzeltanz. Mit jeder Bewegung des Tanzes sagen sie den anderen Bienen, wo sie hinfliegen müssen.

Nun gab es mal eine kleine Biene, die hieß Birgit.
Die lernte den Schwänzeltanz erst noch.
Als sie das erste Mal einen Rosenstrauch entdeckt hatte, versuchte sie das den anderen Bienen mitzuteilen. Aber sie machte eine Bewegung falsch, und als die anderen Bienen dorthin flogen, wo sie es durch ihren Tanz angezeigt hatte, da fanden sie nur eine Müllkippe und schimpften sehr mit der kleinen Biene.

Da übte Birgit den Tanz noch mal. Viele Tage. Sie übte und übte. Jeden Schritt und jede Bewegung. Und als sie ein paar Gärten weiter einen blühenden Kirschbaum sah, flog sie aufgeregt zum Bienenstock zurück und tanzte.

Aber die anderen Bienen sagten:
„Ach, du schon wieder!“, und flogen nicht hin.
Nur zwei Freundinnen der kleinen Biene dachten: „Na ja, versuchen können wir’s ja mal.“ Sie summten der kleinen Biene nach. Der Kirschbaum stand in voller Blüte.

Und die drei Bienen kamen mit vollen Nektarladungen zurück.
Jeden Tag kamen mehr Bienen mit – bis alle um den Kirschbaum herumschwirrten.
„Ich weiß gar nicht, wie die Bienen immer rauskriegen, wann der Kirschbaum blüht“, sagte Opa Birnstein.
Aber wir wissen das jetzt. Weil die kleine Biene so gut den Schwänzeltanz geübt hatte.

c

Bille und das Chamäleon

Es lebte ein Chamäleon
in einem Zoo, ganz nah bei Bonn.

Chamäleon kann ja ganz bequem
die Farbe wechseln, je nachdem:
Auf Gras wird's grün, auf Felsen grau,
und das ist praktisch, schön und schlau.

Und viele Leute blieben steh'n,
um das Chamäleon zu seh'n,
es zu bewundern und zu betrachten,
so auch das Mädchen Bille Grachten.

Es kam fast jeden Tag aus Bonn,
besuchte das Chamäleon
und winkte ihm die ganze Zeit
in seinem rot karierten Kleid.

Es brachte leckere Futterfliegen
und sagte: „Hier, die sollst du kriegen!"
Es sprach mit ihm ganz liebevoll
und sagte: „Echt, du bist so toll,
mal rot, mal grün, mal braun wie Leder,
hey, das kann wirklich gar nicht jeder!"

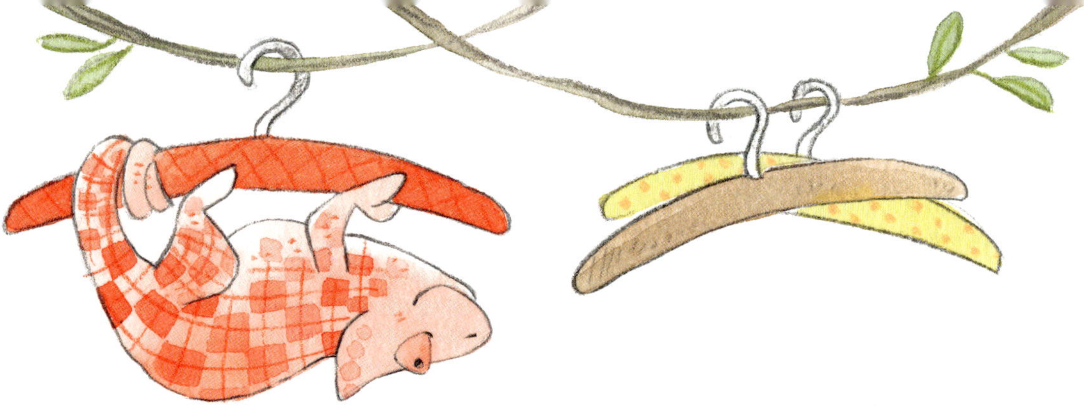

Und eines Tages, kniff – nanu? –
Chamäleon ein Auge zu.
Und dann, was ist denn jetzt passiert?
Es wurde plötzlich rot kariert!
So rot kariert wie Billes Kleid!
Wie hat die Bille sich gefreut!

Doch später dachte sie dann: „Nein!
Das kann auch einfach Zufall sein."
Am nächsten Tage zog sie dann
ein Kleid mit weißen Punkten an.
Und das Chamäleon – wie das funkte! –
bekam dieselben weißen Punkte!
Es klappte bei den Streifenhosen
und bei dem T-Shirt mit den Rosen.

Doch eines Tages, so ein Schreck,
war das Chamäleon dann weg!
Es war entwischt, in dunkler Nacht.
„Warum bloß hat es das gemacht?",
denkt Bille. „Wo kann es nur sein?
Wo ist es jetzt, so ganz allein?"

Wie wird sie ihren Freund vermissen!
Da sieht sie auf dem gelben Kissen
zu Haus, wie sich was Gelbes regt
und sich narzissengelb bewegt.

Sie kann’s kaum glauben. Wahnsinn! Nein!
Kann das denn das Chamäleon sein?

Doch, doch, es ist’s! Es kneift, juchhu,
das linke Auge etwas zu.
Und bleibt fortan in aller Stille
als liebes Haustier bei der Bille.

Doch das ist ganz geheim, weil man
es ja beinah nicht sehen kann.

D

Dago, der Dachs

In seinem Dachsbau am Hang lebt Dago, der Dachs. Der Bau ist so groß, dass die Dachsfamilie gar nicht alle Gänge und Höhlen braucht. Deshalb hat Dago dem Kaninchen Kim erlaubt, dort mitzuwohnen.
„Vielen Dank“, sagt Kim. „Das wirklich nett von dir.“
„Keine Ursache“, sagt Dago. „Hier ist ja massig Platz. Drüben im anderen Teil vom Dachsbau lebt sogar noch der Fuchs.“
„WAS?“, schreit Kim. „Hier wohnt ein Fuchs? Warum hast du mir das nicht gesagt! Oh Gott, oh Gott, und ich habe gerade wieder Junge bekommen! Wenn der die nun alle frisst! Und mich gleich mit!“
„Ich rede mit ihm“, sagt Dago.

So klopft er bei Fu, dem Fuchs, an.
„Guten Tag“, sagt Fu höflich. Er hat immer ein bisschen Sorge, dass der Dachs ihn rauswerfen könnte.
Wegen Eigenbedarf.
„Es geht um das Kaninchen“, sagt Dago.
„Das Kaninchen?“ Fu bekommt glitzernde Augen. „Wo?“

„Im anderen Teil des Baus. Da sind noch viele Gänge, die ich nicht mehr brauche. Aber das eine sage ich dir: Ein Biss ins Kaninchenfleisch unter meinem Dach, und du fliegst raus! Dann kannst du dir einen eigenen Bau graben!“
„Ja, is’ ja gut!“ sagt Fu. „Ich halte mich zurück. Jedenfalls hier im Dachsbau. Und am Dachsbau. Aber richte dem Kaninchen aus, wenn ich ihm drüben im Wald begegne, dann …“
„Schon klar“, sagt Dago. „Dann frisst du es.“
Der Fuchs nickt.

Als der Dachs dem Kaninchen ausrichtet, was Fu gesagt hat, atmet Kim erleichtert auf. „Uff!“, mümmelt sie. „Dann hat man doch wenigstens zu Hause seine Ruhe! Und im Wald passen wir schon auf.“

So leben der Dachs, der Fuchs und die Kaninchen friedlich zusammen im Dachsbau.
Jeder in seinem Bereich.
Manchmal sitzen sie alle zusammen vor dem Bau und unterhalten sich. Über das Leben.
Und darüber, was man mit dem Jäger immer für einen Ärger hat. Und dass man gar nicht vorsichtig genug sein kann. Und immer wieder sagen sie, wie toll es ist, dass sie so nette Nachbarn haben.

E

Der kleine Elefant – eine Geschichte mit Flunkereien drin

Es war einmal ein Elefant,
der lebte froh auf Helgoland.
Da ist er nämlich hingezogen …
Okay, okay, das war gelogen,
er lebte nämlich gar nicht da,
er lebte ja in Afrika
mit seiner Herde in der Steppe,
in einem Haus mit Wendeltreppe.

Ach, nein, das kann ja gar nicht sein,
die passen da ja gar nicht rein!
Sie lebten also froh am Nil.
Uups! Vorsicht vor dem Krokodil!
Das greift, zumindest wenn es kann,
mal kleine Elefanten an.
Jedoch dem kleinen Elefant
ist das natürlich wohlbekannt,
und so, das kann ich garantieren,
wird ihm auch sicher nichts passieren.

Das Kroko muss was anderes essen,
der Elefant wird nicht gefressen,
obwohl er oft am Ufer spielt
und sich die Haut mit Wasser kühlt.

Und einmal sah er sich dann um
und stand ganz starr und dumm und stumm!
Da war auf einmal, so ein Schreck,
die Herde und die Mama weg!

Dem Elefant war nicht zum Lachen!
Was sollte er denn jetzt bloß machen?
Da fragte er beim Nilpferd an,
ob es die Mama sehen kann?

Das Nilpferd tauchte sein Gesicht
ins Wasser. „Nee, hier ist sie nicht.
Doch da seh ich das Zebra steh'n.
Vielleicht hat das sie ja geseh'n."

Das Zebra schüttelte die Mähne
und zeigte seine gelben Zähne.

„Nee, keine Ahnung, tut mir leid.
Doch ich sag allen schnell Bescheid!
Ich kenne ja den Vogel Strauß,
der kennt sich überall hier aus,
dann kenn ich noch den Gottfried Meier,
das ist mein guter Freund, der Geier,
und dann kann ich noch die Termiten
dort im Termitenhügel bitten.

Auf, unter oder in der Erde –
wir finden sicher deine Herde!“

Und nach ganz kurzer Zeit, zum Glück,
da waren alle schon zurück,
und riefen: „Super, hab nur Mut!
Da drüben sind sie! Alles gut!“
Und blitzschnell ist der Elefant
zu seiner Mama hingerannt.
So wurde alles – ist echt wahr! –
am Ende doch noch wunderbar!

F

Die Fledermaus Josefine

Es lebte in einer Ruine
die Fledermaus Josefine
mit Fledermausonkeln und -tanten
und allen Fleder-Verwandten.

Bei Tag, bequem und stumm,
da hingen sie bloß so rum,
kopfüber, wie man das so macht.
Doch dann, die ganze Nacht,
da fingen sie Wanzen und Fliegen,
auch Mücken konnten sie kriegen.

Und so war alles paletti,
doch dann kam Graf Manzetti!
Der wollt' die Ruine kaufen.
„Ja", rief er, „das wird laufen!
Hier lass ich jetzt alles sanieren
und bauen und reparieren,
und dann wird das ganz schnell
ein tolles Burghotel!"

„Oh nein“, rief Josefine,
„die schöne Burgruine!
Die ein Hotel – oh Schreck,
dann müssen wir hier weg!“

Das gab ein Kopfzerbrechen!
„Man müsste mit ihm sprechen!
Ich mach das, das wär doch gelacht!“
Und in derselben Nacht
flog sie, zick-zack, wie immer,
dem Grafen in sein Zimmer.

„Oh Graus, was ist das hier?“,
schrie der. „Huch, ein Vampir!“
Doch hörte dann in Ruh’
der Josefine zu
und sagte schließlich: „Nein!
Das kann ja wohl nicht sein!

In meinem Burggehäuse,
da gibt es Fledermäuse!
Das wird, das seh ich schon,
ja dann die Attraktion!
Das ist ja wunderbar!
Bleibt hier, das ist doch klar!

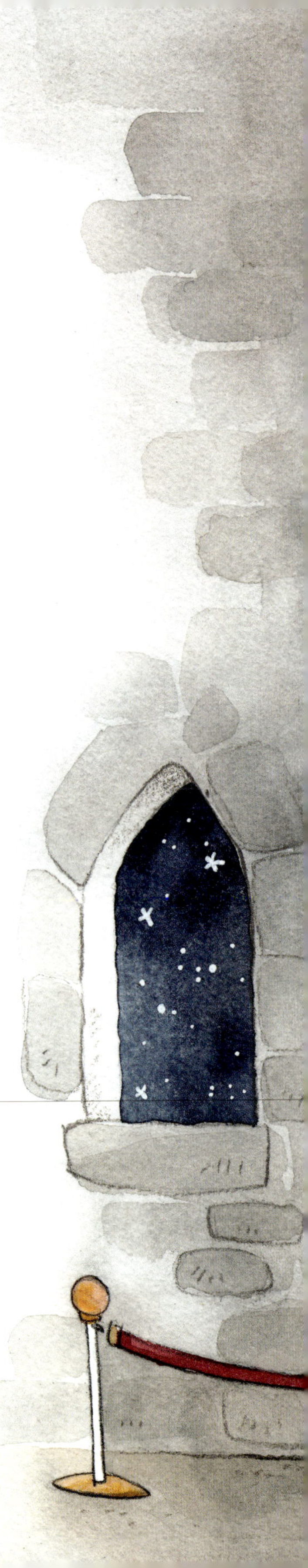

Da trenn ich euch, rapp-zapp,
den ganzen Keller ab.
Und niemand, kann ich schwören,
darf euch im Keller stören.
Ihr könnt in Ruhe hausen,
nachts draußen fledermausen,
und mein Hotel, mein Gästehaus,
nenn ich: ‚Hotel zur Fledermaus.'"

Gedacht, getan. So wird's gemacht.
Die Fledermäuse, jede Nacht,
die suchen sich wie vorher Futter,
und alles ist total in Butter.

Und von den Gästen, wer das will,
schaut ihnen zu, ganz leis' und still,
und kann von der Terrasse aus
sie sehen, jede Fledermaus.

Und ganz da vorn, mit froher Miene,
da flitter-flattert Josefine.

G

Die Giraffe

Es war mal ein Giraffenkind,
das war, wie die Giraffen sind,
gepunktet und mit langem Hals,
mit ziemlich langem jedenfalls.

Und meistens ging's ihr ziemlich gut,
sie hatte bloß nicht sehr viel Mut.
Denn was sie auch grad interessierte
und was sie gerade ausprobierte,
sie hörte innen jemand sagen:
„Na, soll ich das denn wirklich wagen?"

Gleich, als sie neugeboren war,
fing das schon an, das ist ja klar.
Sie liegt im Gras, kann sie denn steh'n?
Und dann zu ihrer Mama geh'n?

„Hach", dachte die Giraffe,
„na, wenn ich das mal schaffe!"
Probierte es mit aller Kraft –
und stand. „Juchuuu, ich hab's geschafft!"

Danach war alles ganz in Butter.
Sie trank bei der Giraffenmutter.
Doch schließlich muss ja jedermann
mal selber fressen, irgendwann.

Kann das denn klappen? Ach du Schreck!
Die Blätter sind ja so weit weg!
So hoch am Baum ganz oben dran!
Na, hoffentlich kommt sie da ran!

„Den Hals gut strecken! Noch ein Stück!
Gleich bin ich oben, so ein Glück!"
Mit der Giraffenzunge, schrapp,
da rupfte sie die Blätter ab.

„Das hab ich ja ganz toll geschafft!
Wie super schmeckt das! Das gibt Kraft!
Und jetzt noch Wasser in den Bauch!
Das Trinken, klar, schaff ich jetzt auch,
weil jedes Tier was trinken muss."
Schnell im Giraffentrott
zum Fluss!

Sie stellte jedes Vorderbein
nach außen. Hm, das geht ja fein.
„Nun mit dem Kopf nach unten sinken,
und, jaaa, geschafft, jetzt kann ich trinken!“

Sehr oft noch dachte die Giraffe:
„Hach, ob ich das denn wirklich schaffe?“,
und dann erinnert sie sich dran,
wie sie als kleines Tier begann,
wie sie so vieles ausprobiert hat
und wie dann alles funktioniert hat.

Und dann denkt sie mit frohem Sinn:
„Hach, das krieg ich jetzt auch noch hin!“

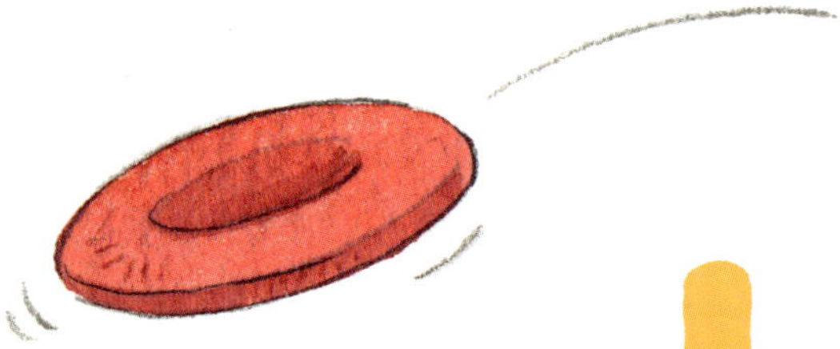

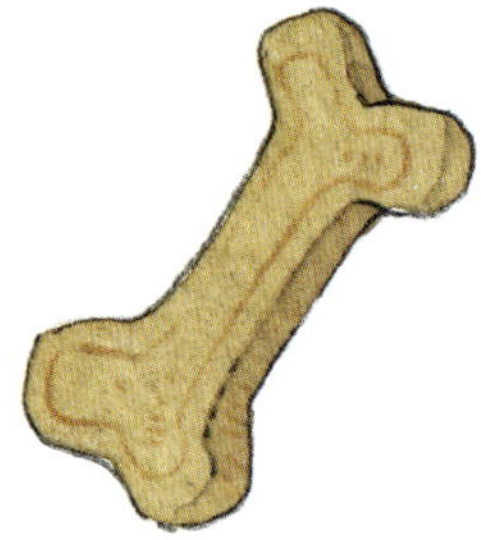

H

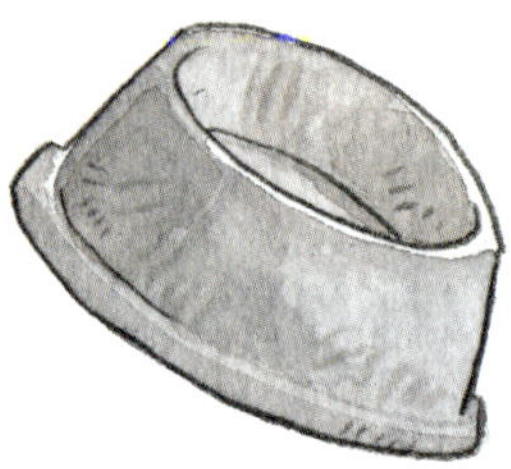

Hugo, der Hund

Wau zusammen! Ich heiße Hugo und ich bin ein Hund. Meine Familie heißt Hoppe. Zuerst gab es nur Frau Hoppe und Herrn Hoppe. Aber eines Tages gab es auch Paul. Er war klein und rosig, und manchmal hat er geheult wie ein ganz kleiner junger Hund. Frau Hoppe hat gesagt: „Du musst gut auf Paul aufpassen, Hugo, er ist ja noch so klein! Aber er wird größer, und dann könnt ihr zusammen spielen."

Das hat gestimmt. Zuerst hat Paul gelernt zu krabbeln. Er hat mich manchmal am Fell gezogen, aber das war okay, er war ja noch so klein.

Dann hat er gelernt zu laufen. Etwas wackelig, aber immerhin. Er durfte auf mir reiten, und er hat auf meinen Kopf gepatscht und sich gefreut und so gelacht, dass ich auch lachen musste.

Jetzt ist Paul schon sechs Jahre alt und zu groß, um auf mir zu reiten. Er kann sogar schon mit mir in den Park gehen.

Manchmal treffe ich andere Hunde im Park. Sie erzählen mir, was man als Hund für Berufe haben kann.

Zirkushund zum Beispiel.
Oder Schlittenhund.
Oder Polizeihund.
Oder Lawinenhund.
Oder Blindenhund.

Toll, dass wir Hunde so wichtige und schöne Berufe haben können!

„Würdest du nicht gerne mal was anderes sein?“, fragen meine Hundefreunde im Park.

Ich denke nach. Etwas anderes?

Paul und ich, wir haben unsere schönen Spiele. Das Bällchenspiel und das Stöckchenspiel, und ich habe Paul Kunststücke beigebracht, er gibt mir zum Beispiel immer Leckerli, wenn ich „Sitz“ oder „Platz“ mache.

Nachts schläft Paul in seinem Bett, ich schlafe in meinem Körbchen. Morgens begrüßen wir uns als Allererstes.

Wenn Paul mal traurig ist, merke ich das sofort. Dann tröste ich ihn.

„Du bist mein bester Freund!“, sagt Paul.

Und das ist genau das, was ich sein will, denke ich.

Der beste Freund von Paul.

Isidor, der schlaue Igel

Es lebte dicht am Scheunentor
der dicke Igel Isidor.
Er schlief in seiner Kuschelecke
tief drinnen in der Gartenhecke.

Erst abends ist er aufgewacht
und fraß sich voll die ganze Nacht:
Er schnabulierte Würmer, Schnecken,
auch Spinnen waren zu entdecken,
und so war er bei jedem Schritt
im Tritt und immer Igel-fit.

Nur eines fand er nicht so prächtig,
und dieses nervte ihn ganz mächtig:
Er wäre nämlich, ungelogen,
so furchtbar gerne mal geflogen.
Das kam ihm einfach himmlisch vor …
Auf einmal wuchsen Isidor
– Ihr glaubt es nicht! – zwei bunte Flügel!
Und dabei war er doch ein Igel!
Er wachte abends auf, und da –
da waren sie. Hurra! Hurra!

Voll Vorsicht flog er eine Runde.
„Das klappt!“ Und dann ’ne halbe Stunde.
„Klappt auch! Jetzt flieg ich in die Ferne!“
Er sah den Mond und tausend Sterne,
und Motten gab es auch, und Mücken,
die konnte er im Flug verdrücken!

„Oh Mann, oh Mann“, hat er gedacht,
„Das mache ich jetzt jede Nacht!
Und jetzt – zurück zu meiner Hecke!“
Da sieht er an der Scheunenecke,
ist grad dabei, sich einzuigeln,
’ne Taube mit kaputten Flügeln.

Die Taube humpelt hilflos rum,
die Flügel hängen schlaff und krumm.
So kann sie niemals wieder fliegen!
Und bald wird sie die Katze kriegen.
„Hm“, sagt der Isidor zu sich,
„Die braucht die Flügel mehr als ich!“
So schenkt er ihr, wie wunderbar,
sein starkes Igelflügelpaar.

Und, toll! Die Flügel wachsen dann
ganz super bei der Taube an.
Die Taube fliegt aufs Scheunentor,
bedankt sich sehr bei Isidor,
sagt: „Jetzt ist Schluss mit dem Gehumpel!“,
und wird sein allerbester Kumpel
und bringt ihm täglich in die Hecke
ein Würmchen oder eine Schnecke.

J

Der Jaguar und sein Bruder

Als im April im Dschungel die Orchideen blühten, brachte die Jaguarmutter zwei Junge zur Welt. Ein Junges war gepunktet wie seine Mama. Sie nannte es Otorongo.

Das andere Junge war schwarz wie sein Vater.

Sie nannte es Baghira.

Die Brüder spielten zusammen und kämpften aus Quatsch.

Und als sie alleine durch den Dschungel streifen durften, hörte man überall die Tiere flüstern.

„Da kommt Baghira, der Sohn des schwarzen Panthers!“

Über Otorongo mit seinem Punktefell sagte niemand etwas Besonderes. Er war ja wie alle Jaguare.

„Wenn mein Fell nur schwarz wäre!“, dachte Otorongo.

Er wälzte sich in schwarzen Beeren und in schwarzem Schlamm. Aber nach jedem Regen war sein Fell wieder gepunktet.

„Jetzt hör doch mal auf, Otorongo!“, sagte die Jaguarmutter. „Einer von euch ist halt schwarz, und einer ist gepunktet. Ihr seid beide meine Kinder, und ich habe euch beide gleich lieb.“

Aber Otorongo blieb traurig.
Eines Tages wollte Baghira im Amazonas einen Fisch fangen. Da kam ein Krokodil angeschwommen. Und schon öffnete es den Rachen, um Baghira zu fressen.
Doch Otorongo stürzte sich ins Wasser und schlug seine kleinen Krallen in die Nase des Krokodils. Das Krokodil nieste und schnaubte, und so konnte Baghira entkommen.
Als die beiden das nächste Mal durch den Dschungel liefen, flüsterten alle: „Da kommt Baghira, der Sohn des schwarzen Panthers!“ Das kannte Otorongo ja schon.
Er seufzte.

Aber dann hörte er noch etwas:
„Seht, neben ihm kommt sein mutiger Bruder Otorongo!
Neben ihm kommt der, der den Sohn des schwarzen
Panthers gerettet hat."
Und das war der Ehrenname, den Otorongo sein ganzes
Leben behielt.

K

Lou, das Känguru

Es lebte Lou, das Känguru,
mit ihrem Freund, dem Kakadu,
und mit Lalula, der Libelle,
im Busch an einer Wasserstelle.

Bisweilen sprang das Kängu-Kind
schon aus dem Beutel wie der Wind.
Doch sollte was gefährlich sein,
dann sprang es blitzschnell wieder rein.

Und eines Tages kam ein Fuchs,
fuchsstill und ohne einen Mucks.
Das Kängu-Baby sprang zum Glück,
wusch! - in den Beutel schnell zurück,
und Lou, die konnt' den Fuchs vertreiben.
Sie dachte: „So kann es nicht bleiben!
Die Füchse rotten ja, oh Graus,
Australiens Tiere einfach aus!

Koala, Wombat, Schnabeltier,
die gibt es dann bald nicht mehr hier!
Das ist ja wirklich nicht zum Lachen!
Was kann man denn da jetzt bloß machen?"

„Hm", sagte der Koala Knut,
„ich kenn da einen ziemlich gut …
Reporter Tom, der hilft den Tieren,
Den wird das sicher interessieren."

„Hey super", rief das Känguru,
„wir schicken ihm den Kakadu
mit einer Nachricht: ‚Lieber Tom!
Sind in Gefahr! Schnell, bitte komm!'"

Und schon am nächsten Tag, hurra,
war der Reporter wirklich da
und machte mit dem Känguru
ein seitenlanges Interview
und Fotos, wie das Baby trinkt
und aus dem Mama-Beutel winkt.

In ganz Australien, überall,
las man schon bald von diesem Fall.
Und alle dachten: „Das muss enden!
Da wollen wir jetzt gleich was spenden!“

Gesagt, getan! Man kauft, husch-wusch
ein Riesenstück Australien-Busch,
und rundum ließ man einen Zaun
bis ganz tief in die Erde bau’n.

Kein Fuchs kann, und das ist der Zweck,
da drunter durch, da drüber weg.

Und alle Tiere leben heut’
auf diesem Land in Sicherheit.
Auch Lou, ihr Kind, Koala Knut,
die fühlen sich da richtig gut.

Dank Tom und Lou, dem Känguru,
und ihrem tollen Interview.

L

Melle und die Libellen

Es war einmal ein Mädchen, das hieß Melle. In den Sommerferien besuchte sie oft ihre Großeltern, die dicht am Wald wohnten. Und eines Tages, als sie mit ihrem Opa im Wald spazieren ging, geschah etwas Wunderbares. Da schwirrte ihr, mitten auf dem Weg, etwas Blaues vor dem Gesicht vorbei. Es war kein Schmetterling, es war kein Käfer, es war … „Eine Libelle!“, rief Melle. Libellen waren ihre Lieblingstiere, weil die sich nämlich auf ihren Namen reimten. Melle machte gern Gedichte und sang sie vor sich hin.

„Die Melle, die Melle,
die sieht grad ’ne Libelle“,
dichtete sie.
„Wie froh, wie froh ich bin!
Wo fliegt die denn bloß hin?“

Das wollte sie wirklich wissen, und sie sah gerade noch, wie die Libelle auf einen dichten Wald von Farnkrautbüschen zugaukelte und verschwand. Melle lief ihr nach, schob vorsichtig das Farnkraut zur Seite und …

„Wie schön!“, flüsterte sie ihrem Opa zu und vergaß ganz zu dichten. Total im Geheimen, versteckt vom Farnkraut, lag da ein kleiner Teich.

Um den Teich herum wuchsen Binsen und gelbe Wasserlilien, auf dem Wasser breiteten Seerosen ihre Blätter aus, und über dem Teich gaukelten so viele Libellen, dass Melle sie gar nicht zählen konnte.

Blau und glitzernd und mit durchsichtigen Flügeln. Melle setzte sich mit Opa auf die warme Erde am Teichrand und schaute den Libellen zu, wie sie übers Wasser tanzten.

Und dann sah sie noch etwas Wunderbares: Aus dem Wasser kletterte ein Frosch nach dem anderen, setzte sich auf die Seerosenblätter und fing an zu quaken. Es war wie ein Froschorchester für den Libellentanz.

„Es spielen alle Froschkapellen
zum Tanz für Melles Prachtlibellen“,

dichtete Melle. Den ganzen Sommer besuchte sie mit ihrem Opa den Teich. Und dann hatte sie das Gefühl, dass die Libellen nur für sie tanzten.

M

Die Maus im Schnee

Frühmorgens hatte es geschneit,
da freute sich die Maus.
„Jetzt aber gleich den Weg gestreut
vor meinem Mäusehaus!“

Den Schnee geräumt am Mäuseweg,
die Schaufel weggestellt.
Den Weg gestreut mit Mäusesand,
dem feinsten Sand der Welt.

Hier ein Tritt
und da ein Tritt
und noch ein kleiner Mäuseschritt.
„Jetzt rutscht man nicht mehr aus
vor meinem Mäusehaus.“

Dann nahm die Maus den Mäusehut
und auch den Mäuseschal
und ging spazieren – das tut gut! –
weit über Berg und Tal.

„Wie schön das ist im frischen Schnee“,
hat sich die Maus gedacht,
„die böse Katze ist, juchee,
wohl noch nicht aufgewacht.“

Hier ein Tritt
und da ein Tritt
und noch ein kleiner Mäuseschritt.
Und links geht's dann schon bald
ab in den Winterwald.

„Wie still! Man hört ja keinen Ton.
Nur etwas Windgesause.
Doch ziemlich düster ist's hier schon!
Ich glaub, ich geh nach Hause.

Ein dunkler Schatten hinterm Busch!
Oh krummes Mäusebein!
Jetzt aber wirklich weg, husch-husch!
Das kann die Katze sein!"

Hier ein Tritt!
Und da ein Tritt!
Und blitzeschnell ein Mäuseschritt!
„Doch wo geht's lang, oh Graus?
Ich finde hier nicht raus!"

Jetzt kommt er hinterm Busch hervor,
der Schatten da, oh nein!
Ein langes Ohr und noch ein Ohr ...
Uff! Es ist Hase Hein!

„Hier ist doch Schnee“, sagt Hase Hein,
„da gehst du einfach nur
so Schritt für Schritt und Bein für Bein
zurück in deiner Spur.“

Hier ein Tritt
und da ein Tritt
und noch ein kleiner Mäuseschritt,
und rechts geht’s dann schon bald
ab aus dem Winterwald.“

Der Hein kommt noch ein Stückchen mit
im schönen weißen Schnee.
Die Maus sagt fast bei jedem Schritt:
„Ganz lieben Dank, juchhe!“

Und schon sind sie am Mäusehaus,
da lädt die Maus den Hein
ins Mäusehaus zu Kuchenschmaus
und heißem Kaffee ein.

N

Das Nilpferd Julius

In Afrika, an einem Fluss,
da lebt das Nilpferd Julius.
Hat Riesenzähne, kleine Ohren,
und wurde hier im Fluss geboren.

Und wie man es als Nilpferd mag,
verdöste es den ganzen Tag
im kühlen Fluss, und nachts, dann fraß
es grüne Pflanzen, leckeres Gras.

Und alles war, wie sich's gehörte,
nur eines gab es, was ihn störte,
das war das Jucken auf der Haut,
das ihm so manche Nacht versaut.

Das waren kleine Parasiten,
die sich dort ein- und untermieten.
Die Nilpferdhaut, die ist zum Glück
ja stark und kräftig, fest und dick.

Doch wenn sich in die Haut, die Ohren,
so kleine Plagegeister bohren,
und wenn man sich nicht kratzen kann,
dann stört das ziemlich, irgendwann.

Dann eines Tags kam, ungelogen,
ein kleiner Vogel angeflogen.
Der sagte: „Piep! Ich grüße dich!
Ich bin der Hacki Madenstich.

Ich seh bei dir was krabbeln, Mann.
Wie wär es? Dürfte ich mal ran?“
Der Julius sagte gerne ja.
Die Parasiten – weg, hurra!

Er reckte sich und musste gähnen.
„Ich seh da zwischen deinen Zähnen“,
rief Hacki, „dass in allen Ritzen
noch kleine Nahrungsreste sitzen.

Und dieses Zeug in deinem Mund,
das ist ja sicher nicht gesund!
Wenn ich da mal kurz picken kann …?“
„Ja“, sagte Julius. „Geh nur ran.“

Er öffnete ganz weit den Mund,
man sah bis beinah in den Schlund.
Der Madenstich war ganz entzückt,
er pickt und pickt und pickt und pickt.

So blieben sie, das ist ja klar,
zusammen, Jahr für Jahr für Jahr.
Das ist für beide angenehm
und schön und praktisch und bequem.

Nur wenn der Hacki zu viel hackt,
dann findet Julius das beknackt.
Er taucht dann einfach, froh und munter,
bis tief zum Grund des Flusses unter.

Und so lebt Nilpferd Julius
noch heute stillvergnügt am Fluss.

O

Das Okapi

Einmal, vor langer, langer Zeit, sagte der liebe Gott zu den Engeln: „Lasst uns Tiere machen!“
Und so setzten sich die Engel an ihre Arbeitstische und machten die Tiere – genau nach den Bauplänen, die der liebe Gott ihnen gegeben hatte.

Der Löwe bekam eine riesige Mähne, die sorgfältig aus Sonnenstrahlen geknüpft wurde. Das Krokodil bekam spitze Zähne, die einer von den großen Engeln vorsichtig zurechtfeilte. Die kleinen Engel durften die ungefährlichen Sachen machen – dem Zebra weiße Streifen auf das schwarze Fell malen, den Hals, der für die Giraffe bestimmt war, noch etwas länger ziehen und die Hufe für das Pferd polieren. Dem Rotkehlchen pinselten sie einen roten Latz mit Farbe aus Abendwolken.

So wurde ein Tier nach dem anderen fertiggestellt.
Der liebe Gott ging durch die große Himmelshalle und sah sich alles an, was er sich ausgedacht hatte.
Aber wie er so durch die Reihen ging, da sah er, dass drei von den kleinen Engeln, Otto, Karl und Pitt, Mist gebaut hatten.

Sie waren zwischendurch in der großen Himmelshalle um die Wette geschwirrt, hatten in den Wolkenbergen Verstecken gespielt und die Zeit vergessen. Und als sie das merkten, arbeiteten sie so hastig weiter, dass sie aus Versehen zu viel machten.

So hatten sie nun zwei Giraffenköpfe statt nur einem, acht Zebrabeine schwarz-weiß angemalt statt nur vier und zwei Pferdekörper mit braunem Fell statt nur einem.

Der liebe Gott schüttelte den Kopf.

„Ihr seid mir schon so Schlawiner!“, sagte er.

„Und? Was machen wir jetzt mit dem Giraffenkopf, den Zebrabeinen und dem Pferdekörper?

Es gibt schon die Giraffe.

Es gibt das Zebra.

Und es gibt auch das Pferd.“

Die kleinen Engel standen da und senkten die Köpfe.

„Vielleicht“, piepste Pitt, der mutigste von den kleinen Engeln, „vielleicht könnte man unsere Sachen doch noch gebrauchen. Es wäre ja genug für ein ganzes Tier.“

„Ja, das wäre es!“, flüsterten Otto und Karl und drehten sich verlegen ihre Haare um die Finger.

„So ein verrücktes Tier ist nicht in meinem Plan!“, schimpfte der liebe Gott. „Aber eigentlich? Hm.“

Er nahm den Giraffenkopf, die Zebrabeine und den Pferdekörper und setzte sie zusammen. „Ich taufe dich nach den drei Engeln, die dich aus Versehen erfunden haben. Nach **O**tto, **Ka**rl und **Pi**tt. Du sollst **O-ka-pi** heißen.“

Und seitdem gibt es das Okapi.

P

Ping-Ping, der kleine Pinguin

Ping-Ping, der kleine Pinguin,
der lebt am Pi-Pa-Pol
und fühlt sich pi und fühlt sich pa
und fühlt sich pudelwohl.

Die Mama bringt ihm prima Fisch,
der Papa hält ihn warm,
und mit den anderen Pinguin-Kids
da steht er oft im Schwarm.

Nur eines stört den Ping-Ping sehr
und macht ihn gar nicht froh:
Er fällt beim Laufen manchmal – platsch! –
pli-plumps auf seinen Po.

Ach wär' er doch ein Albatros!
Er flöge wie Konfetti!
Und wäre in der Luft der Boss!
Das wär pi-pa-paletti!

Ab heute übt er, wie man fliegt!
Vielleicht ist das ein Klacks …?
Er hat doch schließlich Flügel, dann
ist das doch Pipifax!

Doch wie der Ping-Ping sich auch müht,
es klappt halt einfach nicht,
er pli-pla-plumpst, wie jeder sieht,
auf Popo und Gesicht.

Die Mama sagt: „Na, wart's nur ab!"
Sie lacht und tröstet ihn.
„Du kommst schon noch ganz toll auf Trab,
mein kleiner Pinguin!"

Und eines Tages kommt der Tag,
da watscheln alle Jungen
plitsch-platsch zum Meer, doch keiner wagt's
und ist gleich reingesprungen.

Sie steh'n am Meer und testen es
mit Flosse, Fuß und Bein.
Ob's pi-pa-passt? Wer weiß, wer weiß!
Und trauen sich nicht rein.

Und schließlich stürzt der Pi-Pa-Ping
sich mutig in die Flut.
Oh wow, was für ein tolles Ding!
Das tut ja richtig gut!

Er fliegt durchs Wasser, nah und weit
Was für 'ne Pri-Pra-Pracht!
Als hätt' er es schon lange Zeit
und immer so gemacht.

Im kühlen Wasser denkt Ping-Ping
Da fühle ich mich wohl!
Wer will denn da noch in die Luft,
am Pi-Pa-Pi-Pa-Pol!

Er pi-pa-paddelt, schwimmt und taucht
und lacht und freut sich sehr
und denkt: „Was man als Pinguin braucht
das ist halt bloß das Meer!“

Q

Die Qualle Kalle und Fin, der Fisch

Es war einmal eine Qualle, die hieß Kalle. Sie sah aus wie ein bunter Schirm aus Wackelpudding. Mit ihren acht Armen schaufelte sie sich jede Menge Essen in den Mund, das vorbeischwamm. Plankton, kleine Krabben …
Es war bequem, aber es war auch langweilig.
Bis eines Tages jemand unter dem Quallenschirm schwamm – klein, bunt, mit großen Augen und zarten Flossen.
Das war Fin, der Fisch.

„Kann man hier mal ein Stück mitschwimmen?“, fragte Fin. Kleine Fische leben ja gefährlich im Meer. Aber wenn ich unter dem Quallenschirm schwimme, dachte Fin, können die großen Fische mich nicht sehen, und ich werde nicht gefressen.
Zuerst überlegte sogar Kalle, ob er Fin fressen sollte. Aber Fin war etwas zu groß für Kalle. Und außerdem, dachte Kalle, habe ich so jemanden zum Reden.
Kalle war nämlich nicht wie die anderen Quallen, die höchstens mal Blubb sagen. Er war eine richtige Quasselstrippe. Fin gefiel das.

Manchmal sangen sie sogar zusammen.

„Wir Quallen sind stark,
wir essen gern Quark,
wir quengeln nie rum,
wir quatschen nie dumm,
wir schwimmen nie quer,
wir Quallen im Meer.“

Fin sang das Lied mit, obwohl er ja gar keine Qualle war. Als sie wieder mal sangen, dass es nur so blubberte, kam eine Meeresschildkröte angeschwommen. Kalle bemerkte sie nicht, weil er im Takt des Liedes in der Strömung tanzte.

Und gerade dachte die Schildkröte: „Toll, dass mir diese leckere Qualle in die Quere kommt“, da schrie Fin: „Kalle, schwimm quer!“
So konnte Kalle zur Seite schwimmen und sich retten. Da beschlossen Fin und Kalle, dass sie ab jetzt immer zusammen schwimmen wollten.

Wenn du mal im Meer tauchst, kannst du sie sehen. An den kleinen Blasen im Wasser merkst du, dass sie gerade ihr Quallenlied singen.

R

Ralph-Rainer Regenwurm

Es war einmal ein Regenwurm,
der wohnte hoch auf einem Turm.

Nun fragt ihr euch bestimmt beklommen:
„Wie ist der denn da hochgekommen?
Der kann doch nie die Treppen schaffen!
Kein Regenwurm kann so was raffen!“

Ja, stimmt schon, dass das ganz genial ist!
Er lebte lange, wie's normal ist,
ja in der Erde. Grub sich Gänge,
zog sich zusammen, in die Länge,
wie jeder andre Regenwurm.
Doch dann gab's einen Regensturm
und in den Gängen ganze Bäche!
Schnell kroch er an die Oberfläche.

Doch leider flog ganz still sodann
die Amsel Annegret heran.
Und schon war er in ihrem Schnabel.
Dem Regenwurm war's miserabel.

Und jetzt flog Annegret, so ’n Schreck,
mit ihm im Schnabel auch noch weg!
Die Luft um ihn, die saust und dröhnt,
das Fliegen ist er nicht gewöhnt …

Die Amsel trug den Regenwurm
zu dem rot-weiß gestreiften Turm.
In Leuchtturmwärters Blumenkasten,
denkt Annegret, da kann ich rasten,
hab einen wunderbaren Blick
und mach ein schönes Pick-Picknick.

Lässt sich im Blumenkasten nieder,
singt zwei, drei schöne Amsellieder,
schaut hin, gefühlt nach zwei Sekunden –
da ist ihr Picknick doch verschwunden!

Ralph-Rainer dachte nämlich: „Nein!
Hier ist ja Erde!“, grub sich ein.
Und dann kam Leuchtturmwärter Kraus
auch noch auf seine Plattform raus.

„Nee, hier hat das jetzt keinen Zweck“,
denkt Annegret. Wusch, ist sie weg.
So kam das. Seitdem lebt Ralph-Rainer
total weit oben wie sonst keiner.

Kriecht durch die Wurzeln von den Blumen,
macht aus den Blättern kleine Krumen.
Die Blumen, sieht Herr Kraus entzückt,
die blüh’n und wachsen wie verrückt!

Und manchmal, wenn der Sturmwind braust
und um den Turm der Regen saust,
dann denkt der Regenwurm Ralph-Rainer:
„So gut wie ich hat es wohl keiner!“

S

Ein Seepferdchen-Traum

In einem Dorf am Meer lebte das kleine Pony Suso.
Es weidete auf den Wiesen und galoppierte durch den Wald.
Aber eines Tages hörte es ein Rauschen, das nicht vom Wald kam. Das Pony lief in die Richtung, aus der das Sausen kam – und auf einmal stand es an einer riesigen Wasserfläche. Zum ersten Mal sah Suso das Meer.
Es trabte durch den Sand, streckte die Hufe vorsichtig ins Wasser und ließ die schönen kühlen Wellen an seine Beine gluckern.
Jeden Tag kam es nun zum Meer, schwamm und ließ sich im warmen Sand trocknen.
Am liebsten hätte es sogar im Meer gelebt.
Eines Nachts, als es am Strand schlief, wachte das Pony von Gesang auf. Dicht am Ufer tanzten die Meerjungfrauen im Mondlicht. Sie sangen und lachten. Noch nie hatte Suso etwas so Schönes gesehen.

Es ging ganz dicht ans Wasser, und auf einmal merkte es, dass es Tränen in die Augen bekam. „Warum weinst du denn?“, fragten die Meerjungfrauen.

„Ich weine, weil ich nicht immer im Meer sein kann. Mit euch und den anderen Meeresbewohnern."
„Aber das geht doch!", sagte die eine Meerjungfrau. „Heute ist Vollmond. Wenn man bei Vollmond einen Wunsch zum Mond hinaufschickt, dann geht der Wunsch in Erfüllung. Wenn er stark genug ist …"

Das Pony schaute zum Mond hinauf, und der Mond zwinkerte ihm zu.

Da schloss das Pony seine Augen und dachte ganz fest an seinen Wunsch.
Im selben Augenblick spürte es um sich herum kühles Wasser. Obwohl es unter Wasser war, konnte es atmen.
Es sah, dass es eine glitzernde Fischhaut und einen Körper hatte, der wie ein S aussah.
„Siehst du“, sagten die Meerjungfrauen, „es hat geklappt. Nur dein Kopf sieht noch aus wie der Kopf von einem Pferdchen!“
Und seitdem gibt es das Seepferdchen.

T

Tim, der Tausendfüßer

Im Wald wohnt unter einem Stein
Tim Tausendfüßer ganz allein.
Und alle haben Timmi gern.
Er wuselt nah, er wuselt fern
und kommt, bei allem dem Gewander,
nie mit den Füßen durcheinander.

Und eines Tages ruft er: „Halt!
Wer ist denn hier in unserm Wald?“
Der Kindergarten Regenbogen
kommt fröhlich durch den Wald gezogen.

Vom Stein aus und in aller Ruhe
sieht Tim zum ersten Male Schuhe.
Sieht Sneakers, Stiefelchen, Sandalen,
so bunt und schön, reinweg zum Malen!
Dem Tim, dem kribbelt es im Bauch!
So tolle Schuhe möcht' ich auch!

Und jede Pflanze, jedes Tier,
sagt: „Klar doch, Tim! Wir helfen dir!“
Blauglöckchen gibt ihm Blütenkelche,
auch andere Blumen geben welche.

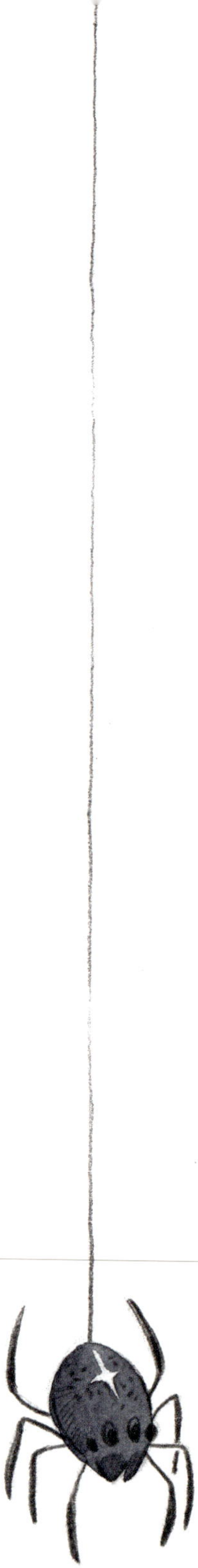

Als Schuhband gibt das Spinnenmädchen
ihm feine, feste Spinnenfädchen,
der Frosch holt Muscheln aus der Truhe,
und Tim sitzt da und macht sich Schuhe.
Acht Wochen. Einen nach dem andern.
Und dann ruft Tim: „Bereit zum Wandern!“

Am nächsten Morgen zieht er dann
sich alle tausend Schuhe an.
Das dauert länger als gedacht.
Doch endlich – uff! – ist es vollbracht.

Der ganze Wald, der applaudiert!
Nur, als der Tim es dann probiert,
mit seinen tausend Schuhn zu geh’n,
da ist das leider gar nicht schön.

Er stolpert, wackelt, fällt fast um.
„Uuups“, sagt der Tim, „das ist ja dumm.

Die Schuhe sind ja wunderschön,
bloß, leider, unbequem zum Geh'n
für einen Kerl mit tausend Beinen.
Egal. Das ist kein Grund zu weinen.
Das würde ja auch gar nichts helfen –
schenk ich die Schuhe halt den Elfen.
Die tanzen hier doch jede Nacht."
Gesagt, getan! So wird's gemacht.

Die Elfen sind total beglückt,
bedanken sich ganz hochentzückt
und laden Tim zum Elfenstein
zum Tanz beim Elfenreigen ein.

U

Uhu Lutz und Uhu Ulf: Sturzflug zum Turm

In der Felswand im alten Steinbruch lebt die Uhufamilie. Mama Ruth und Papa Knut. Und die Kinder: Lutz und Ulf. Sie sind schon groß.
Vor zehn Wochen sind sie aus den Eiern geschlüpft.
Bei Lutz hat das einen ganzen Tag gedauert.
Ulf war schneller. Er ist immer ein bisschen schneller.
Seit zwei Wochen üben sie Fliegen. Neben dem Nest wächst ein Busch in der Felswand.
Da sind sie als Erstes hingeflogen.
Aber heute wollen sie ihre erste richtig lange Strecke fliegen. Gegenüber liegt nämlich die Burg Tukur.
Dort, zum Turm, soll es hingehen.
Ulf fliegt als Erster los.
„Tut gut!“, ruft Uhu Ulf. „Nun du, Lutz! Zum Turm!“
So sprechen Uhus nämlich. Sie benutzen nur Wörter mit u. Deshalb hört es sich für uns an wie „Schuhu!“, wenn wir sie rufen hören.
„Zum Turm? Unklug!“, druckst Uhu Lutz. „Muss kurz zu Fuß zum Fluss. Muss – zur Kur!“

Es stimmt natürlich nicht, dass Lutz zum Fluss muss. Und zur Kur muss er erst recht nicht. Zur Kur gehen nur Leute, die sich erholen müssen. Lutz muss sich gar nicht erholen. Er sucht halt eine Ausrede.

Aber Ulf fällt nicht drauf rein.
„Zum Turm!“, ruft Uhu Ulf.
„Du Uhu-Pups!“
Das ist nicht nett von Ulf. Aber er denkt, wenn er richtig mit Lutz schimpft, dann wird der so wütend, dass er sich doch traut.
„Sprungtuch!“, schluchzt Lutz.
„Zum Schutz! Buhuuuu!“
Von einem Sprungtuch für Uhus hat noch niemand etwas gehört. Das wäre ja auch Quatsch. Wenn kleine Uhus zehn Wochen alt sind, sind ihre Flügel stark genug, um sie auch eine weite Strecke zu tragen. Außerdem haben Lutz und Ulf ja schon geübt.

Ulf sitzt also über der Turmuhr und winkt Lutz mit den Flügeln.
„Nur Mut, Lutz!“, ruft Ulf.
Lutz trippelt vorsichtig zum Busch, dann ganz ans Ende des Felsvorsprungs. Soll er wirklich losfliegen? Lutz holt Luft. Und dann …
Wusch! Sturzfluuuuug!
„Juhuuu!!“, ruft Lutz. „Juchhhuuuu!“
„Gut, Lutz!“, ruft Ulf. „Tusch! Gut, Lutz!“
„Sturzflug zum Turm!“, juchzt Lutz.
„Tut gut!“
Papa Knut und Mama Ruth sind begeistert.
„Gut, Lutz und Ulf! Juhuu! Uhukuss!“

V

Die Vogelspinne Walburga

Im tropischen Regenwald von Südamerika lebt die Vogelspinne Walburga. Rund und schwarz, mit acht behaarten Beinen. Die Haare sind wichtig: Mit denen tastet sie, und ein paar davon kann sie sogar abstoßen und ihren Feinden entgegenschleudern. Bis die sich die Haare abgefieselt haben, ist Walburga weg. Viele Feinde hat sie zum Glück nicht. Aber auch nicht viele Freunde.
„Du frisst Kolibris!", zwitschert der Kolibri Kiki und passt auf, dass er Walburga nicht zu nah kommt.

Walburga verdreht ihre acht Augen. „Kolibris! Wenn ich diesen Quatsch schon höre! Ich fahr noch aus der Haut!" Und das tut sie. Es ist sowieso gerade ihre Zeit. Vogelspinnen müssen sich einmal im Jahr häuten, weil ihr Panzer so fest ist wie eine Rüstung. Wenn sie sich nicht häuten würden, könnten sie nicht wachsen.

„Wie, du frisst gar keine Kolibris?" Kiki vergisst fast zu flattern. „Du fängst uns doch in deinem Riesennetz!"
„Nu hört's aber auf!", ruft Walburga. „Das Netz spinne ich für meine Eier. Eine warme Hülle ist das, ein Kokon.

Darin können sie sicher und kuschelig wachsen. Und dann, wenn die kleinen Spinnen fertig sind, öffne ich den Kokon und helfe ihnen raus."

Kiki hält kurz den Schnabel.
„Aber für Menschen bist du schon gefährlich, oder? Ein einziger Biss …"
„Schön wär's", schnaubt Walburga. „Die Menschen machen so viel Quatsch, unseren schönen Regenwald abholzen, zum Beispiel. Aber ich kann gegen die gar nichts machen."
„Also wie jetzt?", fragt der Kolibri „Du frisst keine Kolibris, du bist für Menschen nicht gefährlich, du bist eine richtig gute Mutter …"
„Genau", sagt die Vogelspinne.
„Dann stimmt das ja alles nicht, was ich gehört habe!", piepst Kiki verlegen.

Walburga kratzt sich mit einem ihrer acht Beine am Rücken. „Da sieht man, was schlechte Reklame ausmacht. Hoffentlich schreibt mal jemand eine Geschichte über mich. Damit die Menschen endlich rauskriegen, wie ich wirklich bin!“

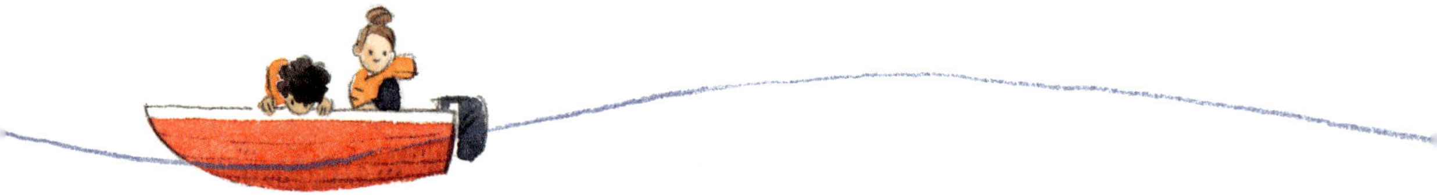

W

Kim und die Wale

Es lebt die Sängerin Kim Strasser
in Manitoba dicht am Wasser.
Dort gab es, das war das Geniale,
gleich in der Bucht ganz viele Wale.

Kim Strasser liebte Walgesänge.
„Boah, was sind das für tolle Klänge!“,
rief Kim. „Ich lieb das, wie die klingen!
Ach, könnt’ ich mit den Walen singen!“

Und einst, mit ihrem Bruder Klaus,
fuhr Kim weit auf die Bucht hinaus.
Rund um das Boot, ein Walgedränge!
Horch! Wunderbare Walgesänge!

Die nahm sie auf, so jeden Ton,
per Unterwassermikrofon
und sang, bei jedem Sangesschritt,
von oben mit den Walen mit.

Das gab dann eine Harmonie,
ein Klingen, eine Symphonie
und einen neuen Zweierklang
von Menschen- und von Walgesang!

Sie mischt das Lied schnell als CD,
und beim Konzert am großen See,
dort in der Riesen-Freilufthalle,
da hören es dann schließlich alle.

Die Leute in der Halle staunen,
man hört kein Knistern, hört kein Raunen,
man könnte Nadeln fallen hören.
„Unglaublich!“, hört man alle schwören.

„So“, sagt die Kim, „doch lasst uns nun,
auch etwas für die Wale tun!“
„Genau“, ruft Bibi Anemone,
„Wir gründen eine Walschutzzone!

Kein Plastik! Keine Motorboote!
Kein Dreck! Mehr Wal-Fisch-Fang-Verbote!“
So gab es bald, dank diesem Lied,
das Hudson-Bucht-Wal-Schutzgebiet.

Und manchmal paddelt Kim mit Klaus
weit auf die blaue Bucht hinaus.
Dort lässt ganz langsam die Kim Strasser
ihr Wiedergabeset ins Wasser
(es ist natürlich wasserdicht)
und spielt, mit strahlendem Gesicht,
der Walgesellschaft gleich ins Ohr
ihr zweisam-schönes Singen vor.

Und dabei hat sie das Gefühl,
dass dort im Wasser, frisch und kühl,
die Wale, das könnt' sie fast schwören,
begeistert auf die Töne hören,
sich freuen über jeden Klang
vom Menschen- und vom Walgesang.

X

Der Xylophonkäfer (nach einer Idee von Frau Annika)

Es war einmal ein dicker Käfer, der hieß Gregor. Er lebte im Wald. Am Tag krabbelte er herum und suchte sich Futter, und nachts schlief er unter einer Glockenblume.

Eines Nachts wachte er von einem wunderbaren Klang auf. Von Tönen, die durch die Nacht schwebten und zu einer Melodie wurden. Das war die Nachtigall, die im Holunderbusch saß und sang.
Gregor weckte die Glockenblume.
„Hör dir das an“, flüsterte er. „Ist das nicht wunderbar? Ach, wenn ich doch auch so singen könnte!“
„Du bist ein Käfer“, sagte die Glockenblume ruppig. „Käfer singen nicht. Und jetzt schlaf weiter!“
Aber Gregor konnte nicht mehr einschlafen.
Die ganze Nacht hörte er der Nachtigall zu.

Am nächsten Tag ging er zu der alten Unke, die ein bisschen zaubern konnte.
„Ich möchte singen können wie die Nachtigall!“, sagte Gregor. „Kannst du das zaubern? Ich singe dann auch jeden Tag für dich!“
„Quaaatsch!“, quakte die Unke. „Käfer können nicht singen. Das kann ich nicht zaubern. Aber ich könnte … ginge auch Musik machen?“
„Ja!“, rief der Käfer. „Alles, was schön klingt!“
Da murmelte die Unke einen Zauberspruch, und der Käfer merkte, wie sich sein Panzer in kleine feine Plättchen verwandelte. „Auf denen kannst du spielen“, sagte die Unke. „Mit deinen Beinen. Du hast ja sechs davon.“

Vorsichtig tippte der Käfer mit seinem einen Bein auf ein Plättchen. „Pinggg“, erklang es. Gregor konnte gar nicht glauben, dass er das gewesen war. Er tippte auf die anderen Plättchen.

Ping! Pong! Pang! Wie toll das klang!

Da bedankte sich Gregor sehr bei der Unke. Von nun an übte er jeden Tag, auf seinem Xylophon-Panzer zu spielen. Das klang bald so schön, dass sogar die Glockenblume vor Begeisterung leise mitläutete.

Und wenn du genau hinhörst, kannst du hören,
wie Gregor nun nachts die Nachtigall begleitet.

y

Der kleine Yak

Es war einmal ein kleiner Yak,
und der war so was von auf Zack!
Zuerst war das noch nicht so klar,
weil er ein Yak wie alle war.

Man sah ihn friedlich mit den andern
Yaks durch die weite Steppe wandern.
Nachts schlief er, müde und verwuschelt,
an seine Mama angekuschelt.

Dann hörte er die Waldohreulen
und manchmal schaurig Wölfe heulen.
„Ja“, sagte seine Mama dann,
„an uns, da trau’n sie sich nicht ran.

Wir sind ja stark und riesengroß.
Und so versuchen sie dann bloß,
die kleinen jungen Yaks zu fressen,
auch Wölfe müssen ja was essen.
Drum darfst du nicht allein spazieren,
dann kann dir nie etwas passieren.“

Der kleine Yak versprach es eilig
und bombenfest und hoch und heilig.
Doch einmal hat er dann beim Fressen
die andern Yaks total vergessen.
Und plötzlich sah er, gar nicht weit,
die Wölfe. Ach du liebe Zeit!

Das Yak bekam 'nen Riesenschreck.
Die andern waren ganz weit weg!
Was mach ich bloß? Nein, so ein Kack!
Dann fiel ihm ein: Ich bin ein Yak!
Ein Yak ist groß und wild und stark
und nicht so schlabberig wie Quark!

Er schrie: „Los, weg mit euch! Haut ab!
Sonst bring ich euch total auf Trab!
Könnt ihr's nicht sehen? Guckt doch hin,
wie groß und stark und wild ich bin!"

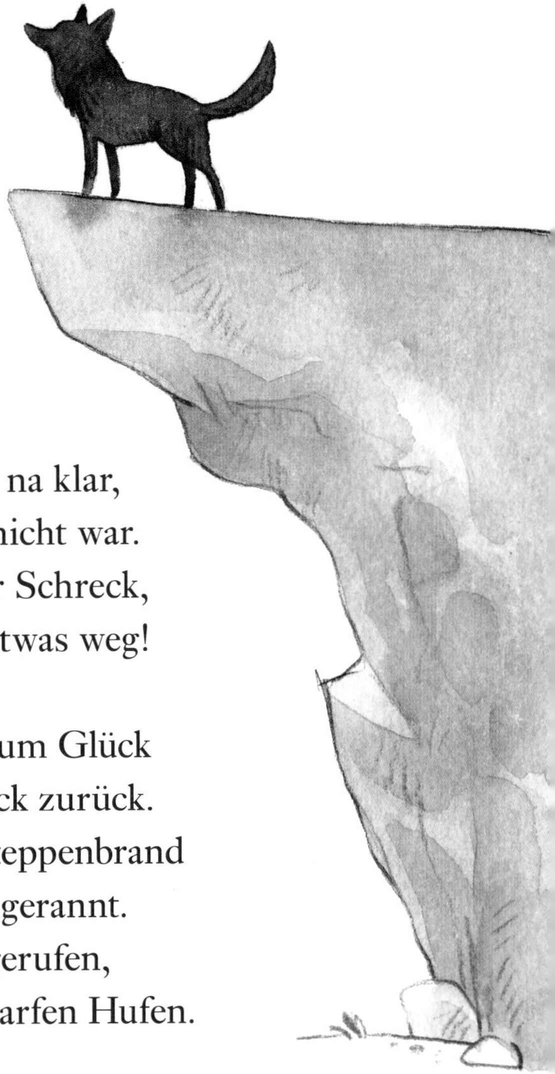

So brüllte er, obwohl, na klar,
er ja so groß noch gar nicht war.
Jedoch die Wölfe, voller Schreck,
die schlichen wirklich etwas weg!

Zumindest gingen sie zum Glück
erst mal ein kleines Stück zurück.
Und dann kam wie ein Steppenbrand
der Rest der Herde angerannt.
Sie kamen alle, wie gerufen,
und scharrten mit den scharfen Hufen.

Die Wölfe heulten: „Hat kein' Zweck!
Los, Jungs, wir gehen! Nichts wie weg!"
Die Herde aber hat gelacht:
„Ey, super, Kleiner! Gut gemacht!"

Und so erzählen sich noch heute
von diesem Yak dort alle Leute,
der, als er noch ein kleiner Yak war,
schon mutig und total auf Zack war.

Z

Die Zwergziege Zäzilie hat Geburtstag

Die kleine Zwergziege Zäzilie wacht auf. Heute ist etwas Schönes, das weiß sie sofort. Und dann fällt es ihr ein: Sie hat ja Geburtstag!
Aufgeregt saust Zäzilie aus dem Stall. Da stehen schon ihre Freunde. Alle summen, zwitschern, piepsen, bellen das Ziegengeburtstagslied:

„Vom Ziegenglück
ein Riesenstück
und Freude dir,
das wünschen wir.
Wir gratulieren, wir gratulieren
und bringen dir was zum Schnabulieren."

„Hier", zwitschert die Amsel. „Heute Morgen frisch gefangen!" Ein dicker Wurm liegt auf dem Geburtstagstisch.
„Hier", piepst die Maus und schwenkt ein Stück Käse. „Gerade frisch gemaust!"

„Wau“, bellt der Hund.
„Die Hälfte von meinem Knochen!
Ist noch ordentlich Fleisch dran!“

„Für die Ziege eine Fliege!“, säuselt die Spinne, die immer in Reimen spricht, und legt eine fette Fliege auf den Tisch.

„Oh“, sagt Zäzilie. „Äh – das – das ist wirklich lieb von euch! Vielen Dank!“

Jeder hat ihr das geschenkt, was er am liebsten isst.
Aber – es sind alles Sachen, die Zäzilie nicht mag.
Sie ist ja eine Ziege!
Zum Glück kommt da ihre beste Freundin Lili, die Tochter des Bauern, und bringt ihr eine Geburtstagsportion Äpfel, Karotten und Heu.
Aber was soll Zäzilie mit den anderen Geschenken machen?
Da hat sie eine Idee.
„Bleibt doch alle zum Geburtstagsessen!“, sagt sie.

Und so sitzen dann alle zusammen
und schmausen. Die Maus bekommt
Käse, die Spinne eine fette Fliege, die Amsel einen
dicken Wurm, und der Hund knabbert am Knochen.
„Wunderbar!“, sagen alle. „So ein tolles Essen! Und genau
das ausgesucht, was wir am liebsten essen! Woher wusstest
du das nur?“
Aber Zäzilie, die kleine Zwergziege, macht nur ein
geheimnisvolles Gesicht. Sie schmunzelt in sich hinein,
schnabuliert ihre Geburtstagsäpfel und freut sich über ihr
wunderbares Geburtstagsfest.

Andrea Schomburg, Kabarettistin und Autorin, wurde in Kairo geboren und ist im Rheinland aufgewachsen. Solange sie denken kann, schreibt sie Gedichte. Sie lehrt Lyrik und Theatertechniken an der Leuphana-Universität Lüneburg und hat neben Lyrikbänden und Prosa für Erwachsene zahlreiche Kinderbücher veröffentlicht. Andrea Schomburg lebt in Berlin und Hamburg.

Annika Sauerborn wurde 1983 in Koblenz geboren und studierte Kommunikationsdesign an der FH in Mainz, wo sie heute lebt und arbeitet. Sie setzte sich früh den Schwerpunkt Handlettering und Illustration und bereichert mit ihrem lieblichen und verspielten Stil mittlerweile die Programme vieler Kinder- und Jugendbuchverlage. Unter ihrem Künstlernamen frau_annika betreibt sie einen sehr erfolgreichen Instagram-Kanal.

Aa
Bb
Cc
Hh
Ii
Jj
Nn
Oo
Pp
Uu
Vv
Ww